김이숙 디카시집

풍경 속에서
풍경 밖을

시인의 말

　아름다운 풍경보다 작고 보잘 것 없는 것들이 자꾸 말을 걸어왔다.

　시집을 펴내는 것은 집을 짓는 일 만큼이나 설레는 일이다. 설계하고 터를 닦고 기초를 다지고 주춧돌을 올리 듯 수없이 생각하고 수정하며 시라는 집이 완성 되어 갈수록 마음이 무거워 진다.

　그럼에도
　시의 집에 잠시 머물다 갈
　구름과 새와 당신을 위해
　마당을 쓸어놓고 오래 기다리겠다.

2024년 시월

김이숙

차례

제1부

녹두죽	10
아슬아슬한	12
몽돌	14
거울	16
바람섬	18
너의 발자국	20
곁	22
숲의 쇄골	24
호기심	26
유희	28
흙수저	30
까치발	32
첫사랑	34
눈에 담다	36
한 켤레의 생	38

제2부

극락조	· 42
발현發現	· 44
거기, 별이 있었다	· 46
무지개떡	· 48
세월	· 50
물때	· 52
화엄사 홍매화	· 54
오곡리 508번지	· 56
바람의 연주	· 58
부자	· 60
빛이 오는 길	· 62
육아	· 64
전위예술	· 66
그리움	· 68
난민	· 70

차례

제3부

풍경	· 74
오체투지	· 76
가마니 틀	· 78
이방인	· 80
해감	· 82
고독사	· 84
노경老境	· 86
그녀의 봄	· 88
성인식	· 90
모란	· 92
발자국 별	· 94
뒷방노인	· 96
리셋	· 98
산실	· 100
곡절	· 102

제4부

군중심리	· 106
언젠가 올지 모를 너	· 108
아침식사	· 110
들리는 듯	· 112
길 없는 길	· 114
산 907 번지	· 116
밀짚모자	· 118
치매	· 120
뒷모습	· 122
검버섯	· 124
등대	· 126
구렁 밭 터줏대감	· 128
성모송	· 130
4월	· 132
있는 힘을 다해	· 134

제1부

윤슬만 바람과 함께 건너오는

녹두죽

시어머니께 해드린 죽 한 그릇
개구리밥 같은, 녹두알 툭툭 터지고

고부간 응어리도 죽처럼 풀어지는

아슬아슬한

절박의 절벽에 매달리는 것

할 수 있는
전부이자 유일한 기도

몽돌

얼마나 더 부대껴야 하는 걸까

당신과 나

거울

때로는 낯설게 느껴져

내가,
나일까

바람섬

너를 태운 배 올 것만 같은데
윤슬만 바람과 함께 건너오는

너의 발자국

간다고는 했지만
떠나지 못하고 몇 날을
서성였을

곁

평생지기,

물결 한 자락 끌어와 덮어주는

숲의 쇄골

산으로 들어간 상수리나무
등 따뜻한 오후가 되면
쇄골 드러내고 누웠지

오수에 빠진 아버지

호기심

모두가 가는
같은 길은 가고 싶지 않아

나만의 길을 가고 싶어

유희

표정으로
소리로
몸짓으로
맞춰 왔어도

아직도 맞춰가는

흙수저

모험을 멈추지 않는다

끝내, 저 바퀴를 굴릴지도

까치발

손을 뻗어 봐
조금만 더,
더,
더

할머니의 유년이 잡힐거야

첫사랑

입안을 맴도는 참외씨처럼

훅, 뱉어버리면
잊혀지리라 생각했는데

눈에 담다

본다는 것은

풍경 속에서
풍경 밖을
살피는 일이다.

한 켤레의 생

단 하루 만이라도
쉬고 싶었을 가장의 무게

벗어놓고 가신

제2부

거기 별이 있었다

극락조

얼마나 더 간절해야
날 수 있을까

발현發現

오선지가 아니어도 좋다

이 어둠을 노래할 수 있다면

거기, 별이 있었다

모두가 위를 향해 피어오를때
발 아래를 보았다

무지개떡

보라, 흰 국화 층층 깔고
핑크뮬리 고물 올려
모락모락 맛나게 익어가는
가을 시루

작두샘

마중물은 가난이었다

깊이 잠들어 있던 별
깨울 수 있었던

물때

딱지처럼 붙어 사는 것들
물이 차 있을 때는 볼 수 없는

조류가 빠지면
비로소 드러나는 기억

화엄사 홍매화

노승의 목탁소리 들으며
수백 년을 견디었을 너

오곡리 508 번지

열릴 것 같지 않은 문 앞
서성이던 때 있었지

가슴 두근거렸던

바람의 연주

빛났던 날들이 희미해져 갈수록
잠 설치는 날 많았다

바람을 연주하는 갈대

부자

아버지는 아들에게서
어린 시절을 보고

아들에게서는 아버지가
자라고 있다

빛이 오는 길

올라가는 길이
내려오는 길이다

같은 길 위에서
우리는 서로 다른 길을 걷고 있다

육아

허리 통증으로 힘든
일흔 셋 용왕골 댁
매달린 손주 재롱에
아픈 줄도 모르네

전위예술

엽낭게가 모래 경단을 빚는다

생일날 어머니가 빚어 주던 그 경단을

그리움

문을 잠그면
그만이라 생각했는데

틈으로 들어오는 빛이
꽃을 피웠다

난민

한줄기 빛을 찾아서
빠져 나오는

제3부

점 하나 찍는 것이 시작이고 끝이다

풍경

물과 산을 그리는 것도
점 하나로 시작 된다

점 하나 찍는 것이
시작이고 끝이다

오체투지

살아내는 것이 곧,

경전인 것을

가마니 틀

학교에 갈 수 없던 가난이
밤낮 엮어낸 촘촘한 꿈,

알곡보다 영근 눈물 한 가마니로
여문 그녀의 삶

이방인

낯선 곳
아는 이 하나 없는 하늘아래
뿌리를 내렸다

늘 그리워 목마른

해감

속말 뱉어 내며
얽힌 감정 풀어내고 있다

한바탕 울고나면 해감될까

고독사

바다와 육지
그 어디에도 기댈 곳 없는

비린 생 하나

노경 老境

허리 펼 시간 없이 살았지만
구름이 한 짐이다

썩은 나무에 기대어
이승에서 저승으로 건너가는 길

그녀의 봄

병실 시트 위에 동백꽃 붉었다
누구보다도 사랑했다는 말 마지막으로

쉰하나에 꽃길 떠난 그녀

성인식

껍질 벗겨지는 아픔을 견디며
여물어 간다

마디가 단단해 질 때까지

모란

지병을 앓고 있던 그녀
먼 길 떠난 날

영정 사진 속 그녀
피었다, 모란으로

발자국 별

여름 밤 별은 쏟아져 내렸지
그 별에 찔린 발자국

오늘 문득 아프다

뒷방노인

박음질하듯 달려온 날들

어느 날 멈춰버린

리셋

허물없는 사람이 어디 있을까

탈피할 수 있다면
더 뜨겁게 살고 싶은

산실

산파 할머니 손 분주해지고
노산으로 힘들었던 어머니
늦둥이 아들을 얻었다

산통만 남은 자리

곡절

잔잔하고
평온했던 날들도
속깊이 출렁였을

조류의 흔적

제4부

아버지 걸어온 길

군중심리

아니다, 하지 못하고
바람에 휩쓸리는

언젠가 올지 모를 너

발자국 옆에
발자국 하나가 따라 간다

아침식사

온 가족 마주앉아
밥 먹어본 적 언젠가

아득하게 먼
기억이 되어버린

들리는 듯

빨간 햇고추 확독에 갈아
열무 물김치 담가놓고
보리밥 말아 주시며
먹어라, 어서 먹어라 하시던

길 없는 길

아무도 가지 않은 길
먼저 길을 내며 가고 있는 길
행여 자식 오다가 넘어질까
없는 길을 내고 있는 길

아버지 걸어온 길

산 907 번지

어머니 상여 나가던 날 앞마당은
사람들로 북적였지

뒷마당에서는 흰 고무신 혼자 울었지

밀짚모자

막걸리 두어 잔에
그늘 벗어 두고
취한 논둑 비틀거리던 가락
노을 너머로 떠난
그 노래,

치매

흩어지는 새처럼

날아가는 기억

뒷모습

어깨 위로 내려앉은
햇살 한 줌도 버거운 등

겨우 그림자 하나
데리고 가는

검버섯

죽은 나무에 꽃이 피었다

어머니 얼굴에 피었던 검버섯
내 손등에도 하나 피었다

등대

아버지는
늘,

거기 서 있었다

구렁 밭 터줏대감

관절염으로 뼈마디 다 틀어졌어도
목소리는 하늘을 뚫을 기세

헛기침소리 들리는 듯

성모송

새벽 종소리 울리면
잠결에 들었던
어머니 기도 소리

생을 다하는 날까지
주문처럼 외웠던

4월

어둔 선실에서
두려움에 서로를 껴안았을
눈망울들,

하고 싶은 이야기 못한 채 그만
다물어 버린 입

있는 힘을 다해

잡은 손 놓으면
산산조각이 날 것만 같은

삶,

김이숙 디카시집
풍경 속에서 풍경 밖을

인쇄 2024년 10월 17일
발행 2024년 10월 21일

지은이 김이숙
발행인 서정환
펴낸곳 신아출판사
주소 전북특별자치도 전주시 완산구 공북1길 16
전화 (063) 275-4000
팩스 (063) 274-3131
이메일 sina321@hanmail.net
출판등록 제465-1984-000004호
인쇄·제본 신아문예사

저작권자 ⓒ 2024, 김이숙
이 책의 저작권은 저자에게 있습니다. 서면에 의한 저자의 허락없이 내용의 일부를
인용하거나 발췌하는 것을 금합니다.
COPYRIGHT ⓒ 2024, by Kim Lee Sook
All right reserved including the rights of reproduction in whole or un part un any form.
저자와 협의, 인지는 생략합니다.
잘못된 책은 바꿔 드립니다.

ISBN 979-11-94198-63-5 03810
값 12,000원

*이 디카시집은 익산문화관광재단 2024 다이나믹 익산 아티스트 지원사업으로 지원을 받아 진행되었습니다.